LA VIE SELON

BOSC

Bosc
au cherche midi

Dessins inédits, préface de Wolinski, 1991.
Voyage en Boscavie, préface de Raymond Devos, 2003.
Alors on se promène ?, préface de Cabu, 2005.
Deux pour la vie, 2007.
Mon œuvre, préface de François Morel, 2016.

Vous pouvez consulter notre catalogue général
et l'annonce de nos prochaines parutions sur notre site :
www.cherche-midi.com

92, avenue de France
75013 Paris
Dépôt légal : décembre 2024
ISBN 978-2-7491-7977-3

LA VIE SELON

BOSC

DESSINS INÉDITS CHOISIS ET PRÉSENTÉS PAR

FRANÇOIS MOREL

le cherche midi

Un dessin, une idée

Jean Bosc était théologien, pasteur à Meaux. C'est lui l'auteur de *La Foi chrétienne. Accords et divergences des Églises.* En revanche, le Jean Bosc en question ne pratiquait pas du tout le dessin d'humour.

Attention, il ne faut pas confondre Jean Bosc avec Jean Bosc, qui lui non plus ne pratiquait pas spécialement ni l'humour ni le dessin. Il était avocat et homme politique, président de la commission des douanes du Sénat, l'auteur de *Les Cendres du passé nîmois*, titre qui, à première vue, n'incite pas spécialement à la rigolade, mais que je me garderais bien d'évoquer puisque je ne l'ai pas lu (ce qui, vous en conviendrez, révèle une haute conscience déontologique, qui m'honore).

C'est justement pour n'être pas confondu avec Jean Bosc et encore moins avec Jean Bosc que Jean-Maurice Bosc signa « Scob » les premiers dessins qu'il apporta à *Paris Match.*

Raymond Castans reçut le dessinateur, flaira le pseudonyme. Scob ? Ça faisait trop penser à tous ces dessinateurs unisyllabiques genre Frick, Mick, Toc. Comme il y a eu Cham, Job, Lap, Rü, Sem, Sic, Sta, Tim, Gad, Chag, Vip. Comme il y a Mose, Piem, Trez. Comme il y aura Loup, Fred, Charb, Voutch…

« Scob, c'est pas bon, fit Castans.

– Bosc, proposa Bosc.

– Bosc » acquiesça Castans.

Et c'est ainsi que Bosc devint Bosc.

Quelques mots pour évoquer la biographie de Bosc (ne vous attendez pas à une franche rigolade) : protestantisme, lycée technique, chantier de jeunesse, guerre, Indochine, torture, maladie des nerfs, clinique, psys, carabine, suicide.

Parlons d'autre chose.

Parlons peu mais parlons bien.

Bosc était laconique. Vous voyez Édouard Baer ? Fabrice Luchini ? Très différents de Bosc, qui, lui, n'est pas du genre bavard. Pas causant. Lapidaire. Concis. Sobre. Comme seul un fils de vignerons peut l'être.

Laconique, il n'y a pas d'autre mot… D'ailleurs, c'est avec ses dessins sans légende que Bosc est entré dans la légende des dessinateurs humoristiques.

Parce que Bosc fait partie du gratin des dessinateurs d'humour, ceux qui dans les années 1950 et 1960 occupaient la troisième de couverture du magazine *Paris Match*. Minuscule confrérie. Aristocratie du trait. L'élite du crayon : Mose, Chaval, Sempé, Bosc.

Aujourd'hui, on voit des livreurs Uber sur des vélos, des mobylettes. À l'époque, c'est l'artiste qui parcourait Paris de long en large. Celui-ci pour fourguer ses chansons d'un cabaret à l'autre. Celui-là pour placer ses crobards d'un journal à l'autre.

Un peu partout, un style nouveau apparaît. Il ne s'agit pas forcément de chanter le plus fort, le plus juste. Il ne faut pas forcément avoir le trait le plus ressemblant, le plus académique, mais plutôt le plus intéressant, le plus novateur, le plus insolite. On cherche moins la virtuosité que la vérité. Quand on dit de quelqu'un « C'est un original », ce n'est plus forcément une critique. Ça commence à devenir un compliment.

Je ne vais pas pousser le ridicule en tentant de vous décrire les dessins de Bosc. Il suffit de tourner les pages qui vont suivre.

À chaque fois, un dessin, une idée. Une idée pas forcément gaie. Pas forcément drôle. Mais toujours inattendue, insolite, forte, humoristique.

De l'humour né dans le protestantisme, le lycée technique, le chantier de jeunesse, la guerre, l'Indochine, la torture, la maladie des nerfs, la clinique, les psys, la carabine, le suicide.

De l'humour, oui, mais comme un chagrin caché, une brûlure camouflée.

« Tu as l'intention de continuer à publier ces merdes ?, demanda un jour le dessinateur Bellus à Raymond Castans.

– Oui », répondit Castans.

Il fit bien. Soixante-dix ans plus tard, les images de couples grassouillets et débonnaires passent finalement moins à la postérité que la vision chaotique, tragique, désespérée de l'ancien d'Indochine.

Il n'y a pas forcément de quoi se réjouir. Le monde ressemble de plus en plus à un dessin de Bosc.

François Morel

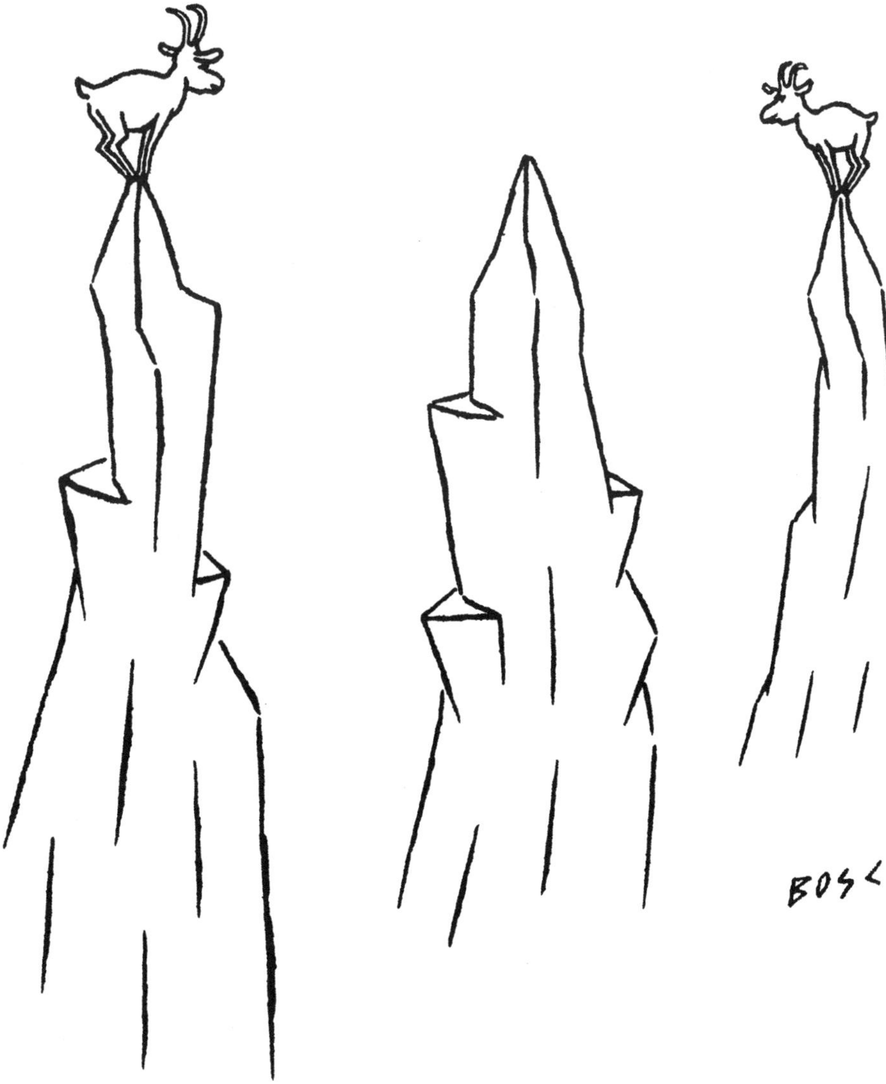
BOSC

BOSC

BOSC

RESTONS
UNIS
BOSC

BOSC

BOSC

BOSC

BOSC

BOSC

...345 - 346
347 - 348
349..
SAINT ANTOINE DE PADOUE FAITES MOI TROUVER LE SOMMEIL
JE VEUX DORMIR
JE VEUX DORMIR
JE VEUX DORMIR
MAMAN VIENS!
DO DO
L'ENFANT DO
L'ENFANT DORMIRA
BIENTÔT
BOSC

BOSC

CURARE
BOSC

BOSC

BOSC

BOSC

LA CHARGE DE LA
CAVALERIE LÉGÈRE
BOSC

BOSC

CI
GIT
MON CHER EPOUX
BOSC

AU SECOURS
BOSC

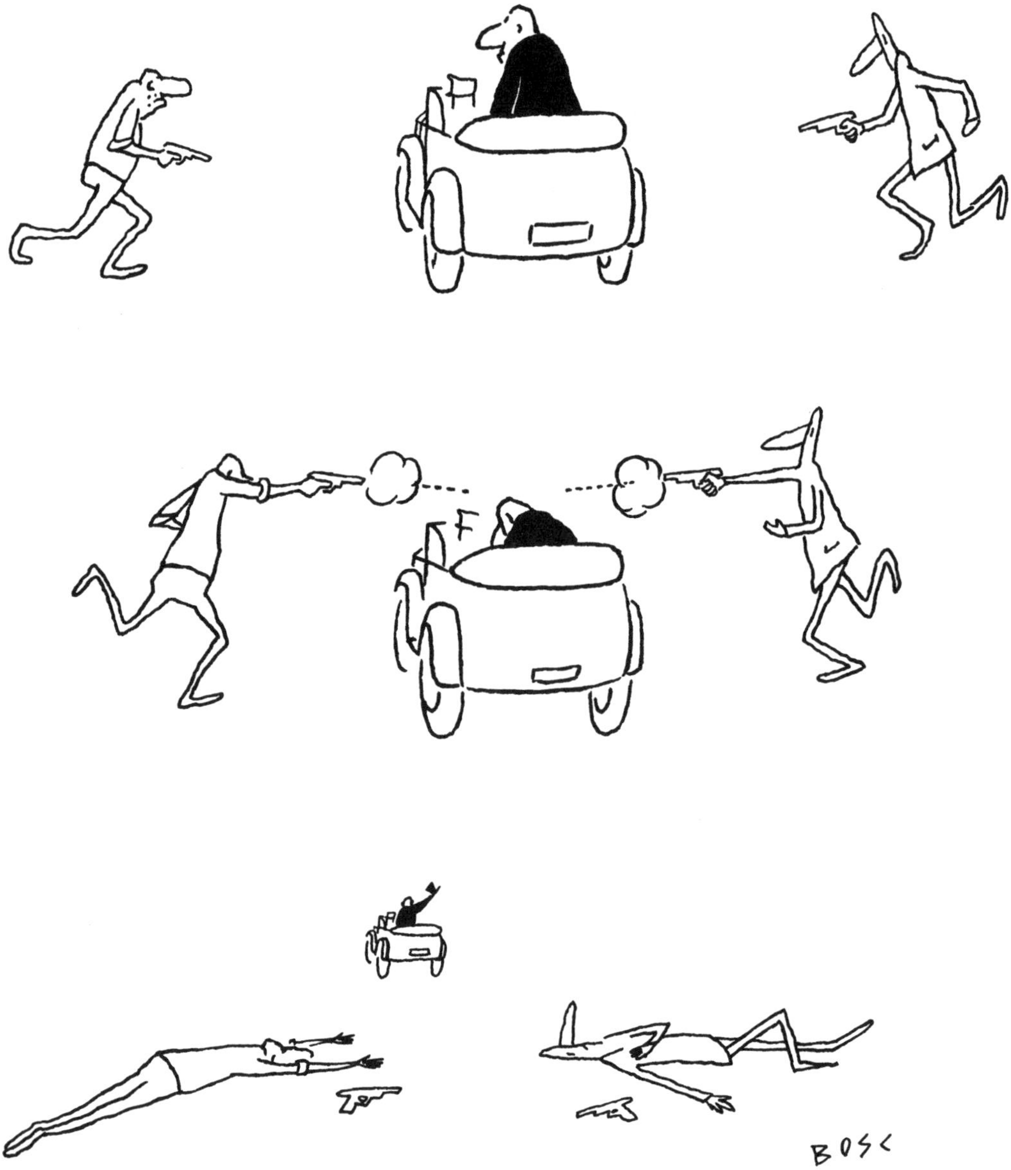
BOSC

LA CROIX
DIEU VEILLE SUR VOUS
LA FOI QUI SAUVE
BOSC

BOSC

BOSC

BOSC

BOSC

BOSC

MES RESPECTS MON COLONEL !
J'AI RENCONTRÉ UN ANCIEN CAMARADE DE REGIMENT !
BOSC

HAUT
BOSC
BAS

VAS DONC, HÉ, PATATE !
CHAUFFEUR DU DIMANCHE !
CUISSE DE GRENOUILLE !
CORNIAUD - CHAUFFARD
TETE DE LARD
SALE PIETON
BLOUSON NOIR
TAXI
ECOLE
BOSC

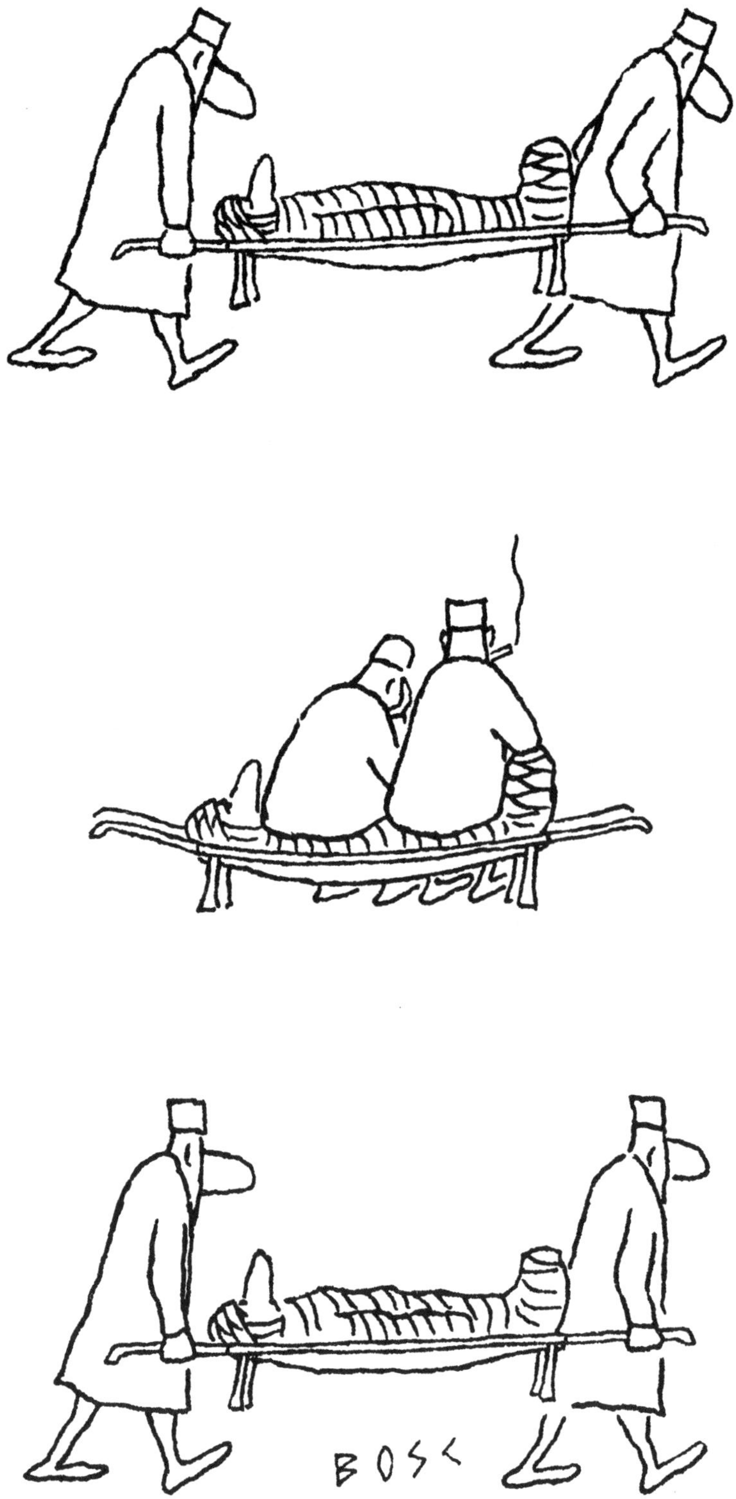
BOSC

PAMPELUNE
PAU
BOSC
BOSC

MAIS MON CAPITAINE C'EST ISABELLE LA MASCOTTE DU REGIMENT !

JÉSUS
REVIENT
JÉSUS
EST
LA
THEATRE
JESUS
JESUS
JESUS
DEVINE QUI J'AMÈNE
A DÎNER ??
BOSC

BONJOUR Mr LE CURÉ
LE CIEL DEVERSE TROP D'EAU EN CE MOMENT SUR NOS CULTURES
IL FAUDRAIT ORGANISER UNE PROCESSION CONTRE LA PLUIE
PATIENTEZ UN MOMENT.
ALLO LA METEOROLOGIE NATIONALE?
QUELLES SONT LES PREVISIONS POUR CES PROCHAINS JOURS?
MERCI
ET BIEN MON BRAVE NOUS FERONS UNE PROCESSION SAMEDI A 16H30-
BOSC

BOSC

BOSC

TELEPHONE
TELEPHONE
TELEPHONE
TELEPHONE
3
6
BOSC

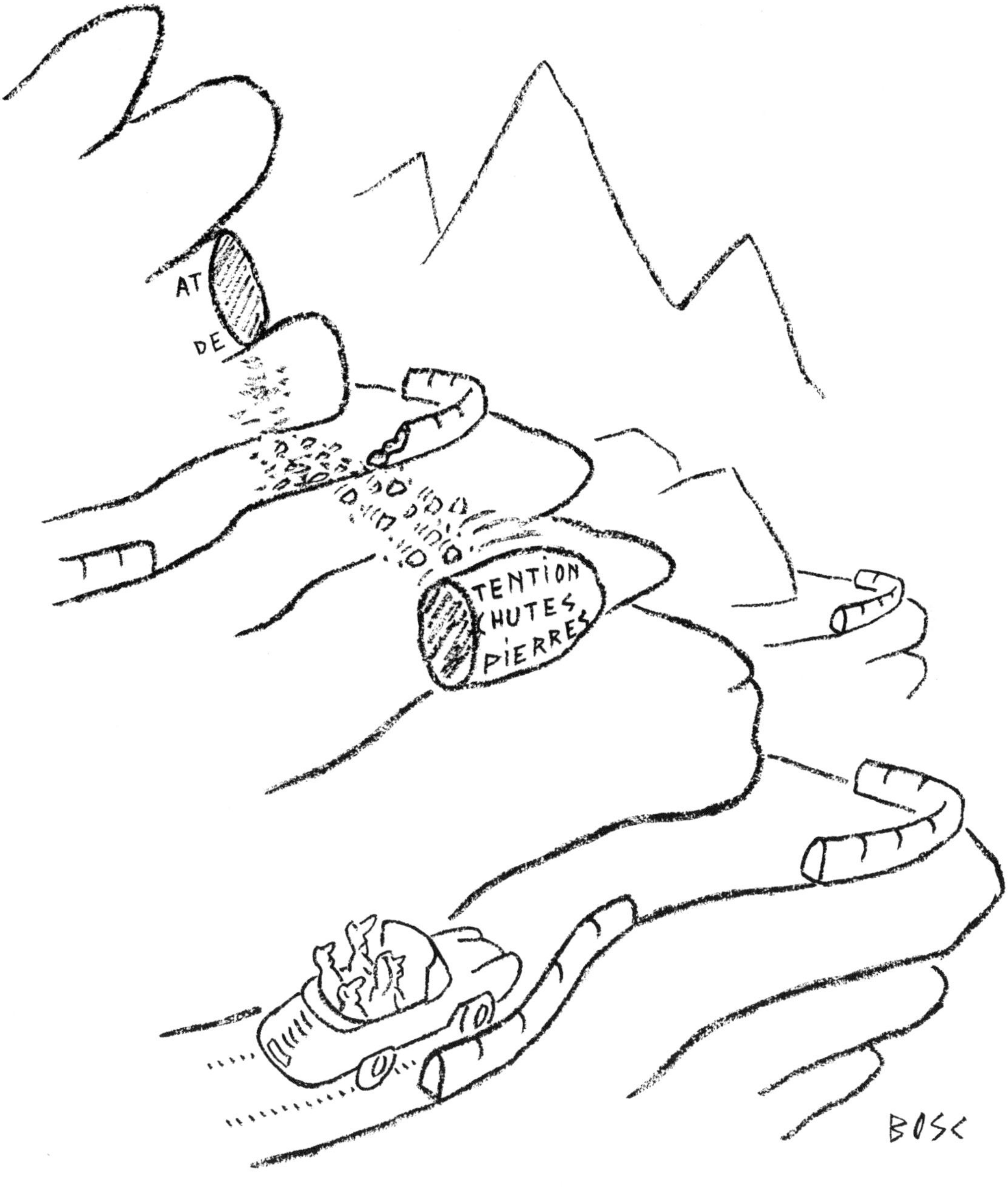
AT
DE
TENTION
CHUTES
PIERRES
BOSC

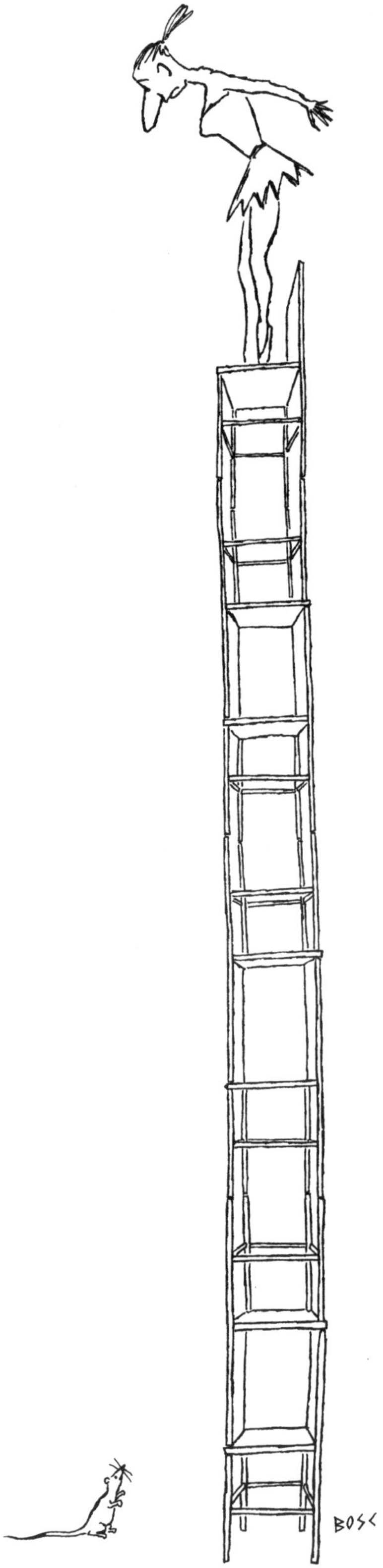
BOSC

BOSC

" OÙ AS-TU MIS NICOLAS "?

BOSC

BERTHE, JE TE PRESENTE MON VIEUX COMPAGNON DES TRANCHÉES L'ADJUDANT FOUILLOUX
ALBERT MON AÎNÉ
MA FILLE AGNÈS
LE PETIT DERNIER, RITON
ET VOICI BLACK
BOSC

ARRIVÉE
BOSC

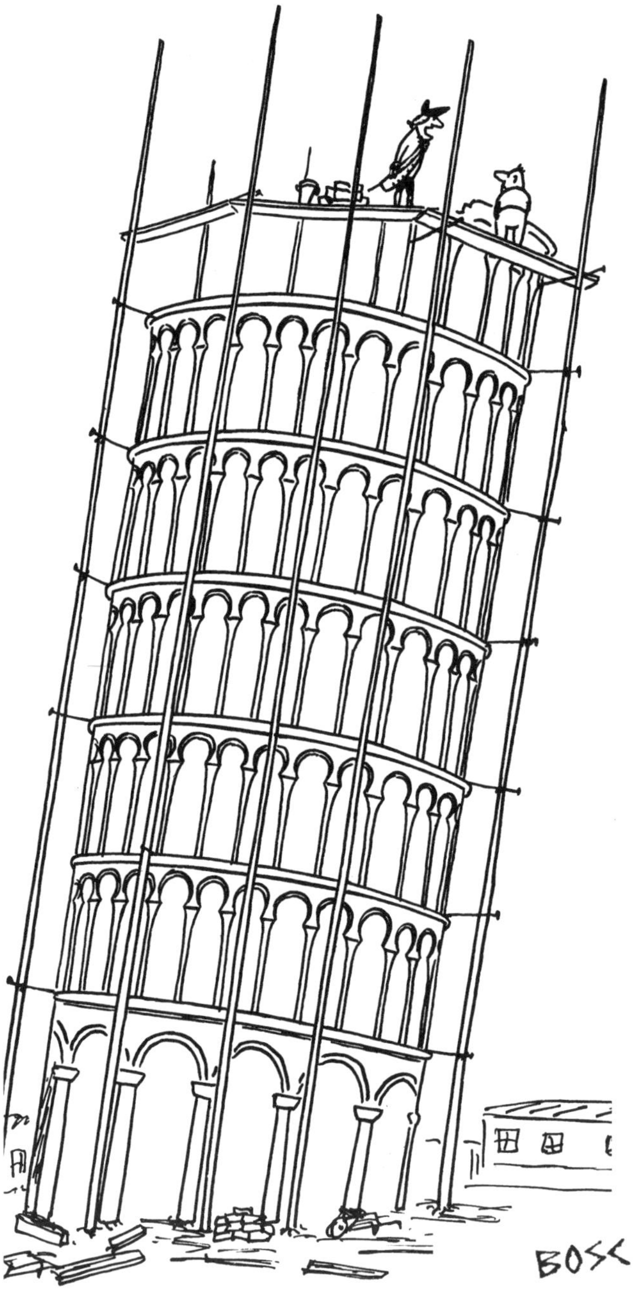

« IL FAUDRAIT TOUT DE MÊME LE TROUVER CE FIL A PLOMB »

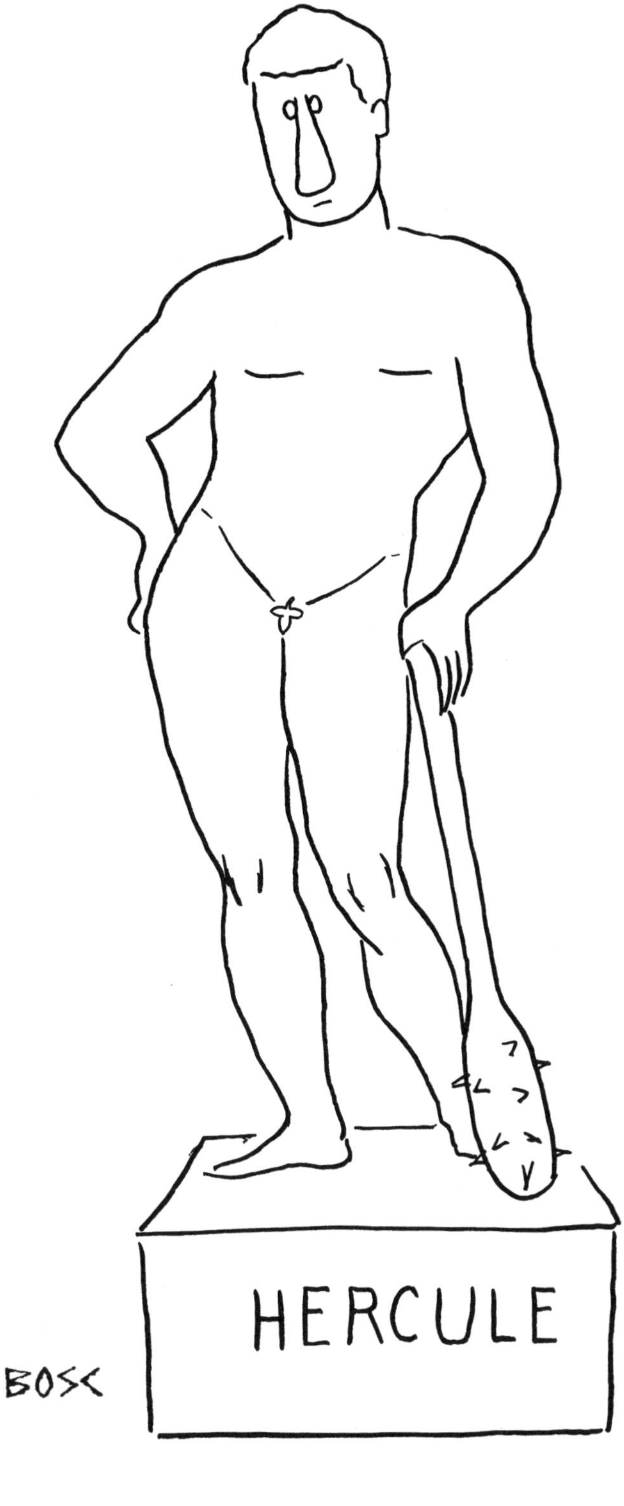
HERCULE
BOSC

BOSC

BOSC

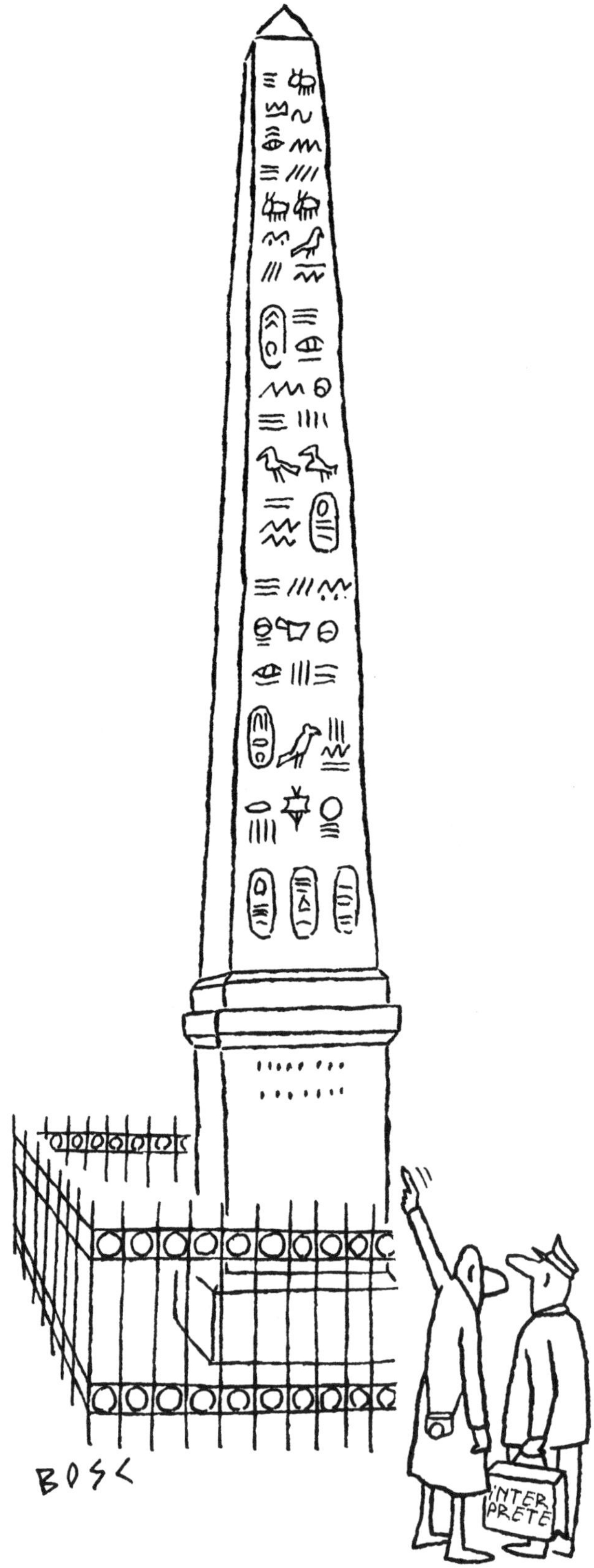
BOSC
INTER PRETE

BOSC

BOSC

BOSC

BOSC

BOSC

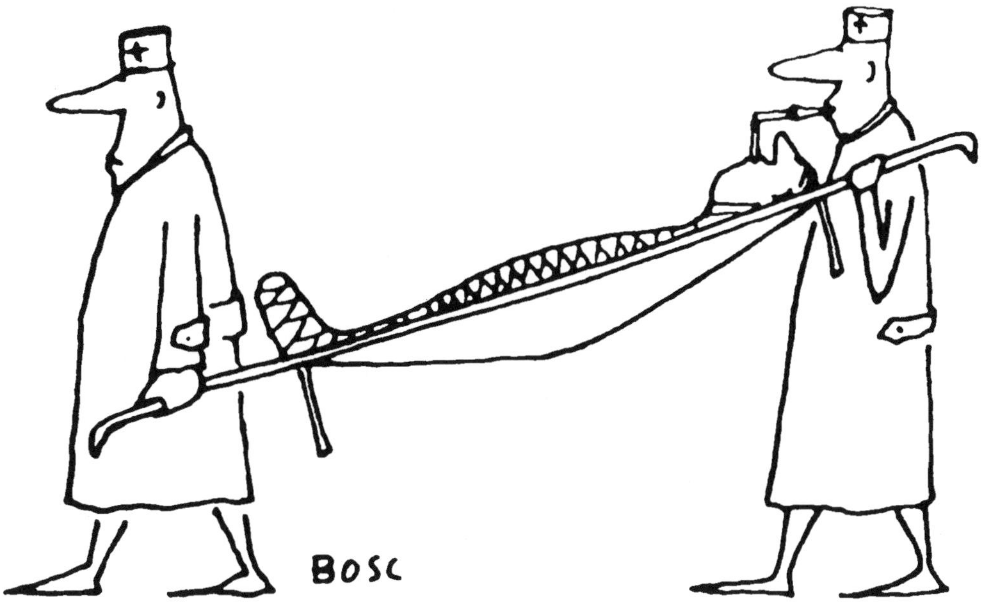
BOSC

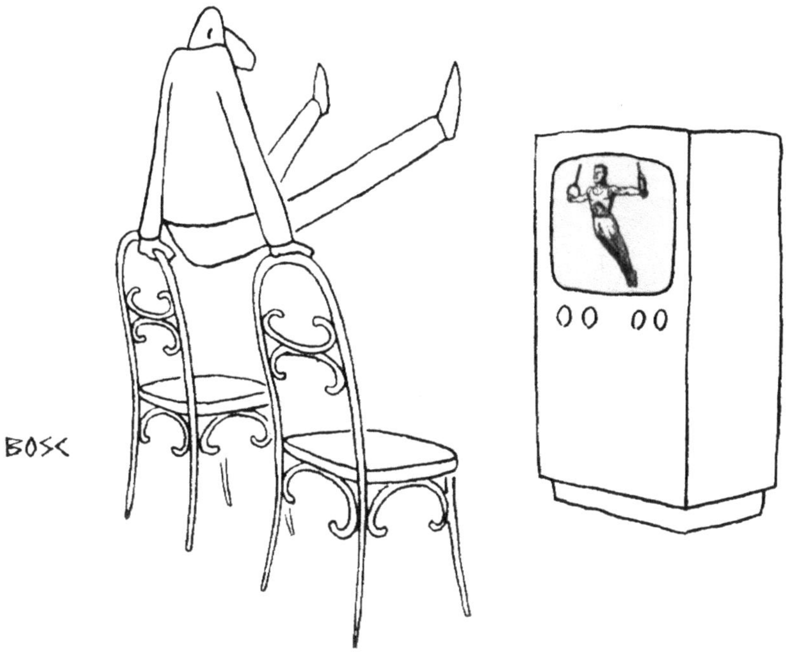

BOSC

BOSC

BOSC

JE T'AIME
MOI AUSSI MON CHERI
ON EST BIEN TOUS LES DEUX
C'EST MERVEIL-LEUX
TU PEUX PAS SAVOIR COMME JE T'AIME
MON CHERI
LE TEMPS PASSE TROP VITE
COMME C'EST VRAI
C'EST BON DE S'AIMER COMME ÇA
C'EST FOR-MIDABLE
JE POURRAIS PASSER DES HEURES COMME ÇA SANS PARLER AVEC SEULEMENT TA MAIN DANS MA MAIN
MOI AUSSI MON CHÉRI
TIENS L'AMI PAUL !! QUOI DE NEUF ?
BOSC

RUE DE GAULLE
RUE X
BOSC

BOSC

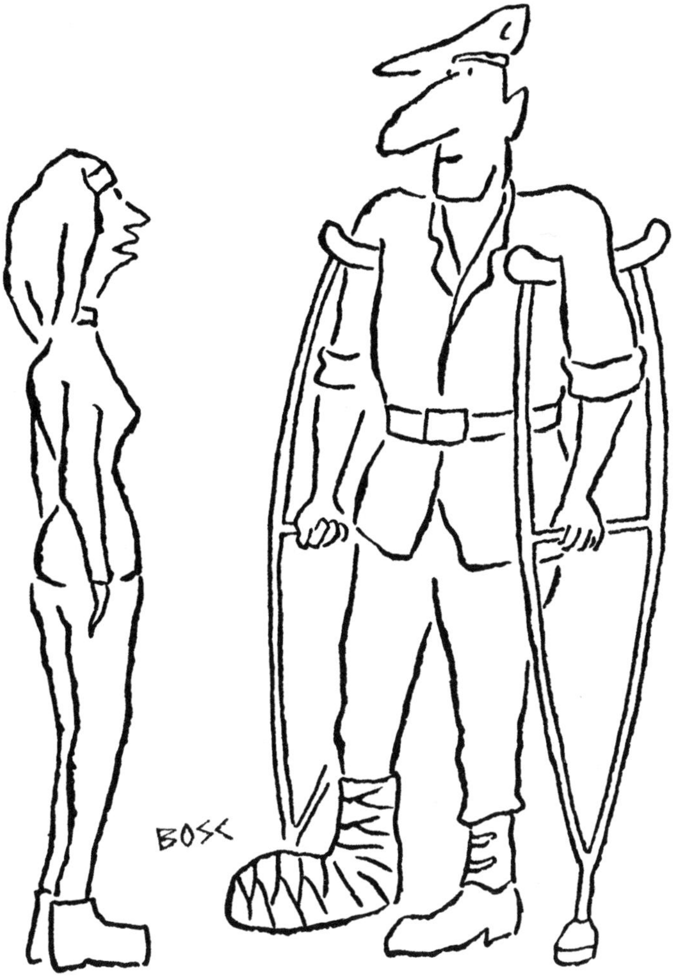

VOUS ETIEZ A MEGÈVE ?

1re COMPAGNIE
INFANTERIE
PORTÉE
BOSC

SOCIETE
PROTECTRICE
DES ANIMAUX
BOSC

BOSC

BOSC

TATOUAGES

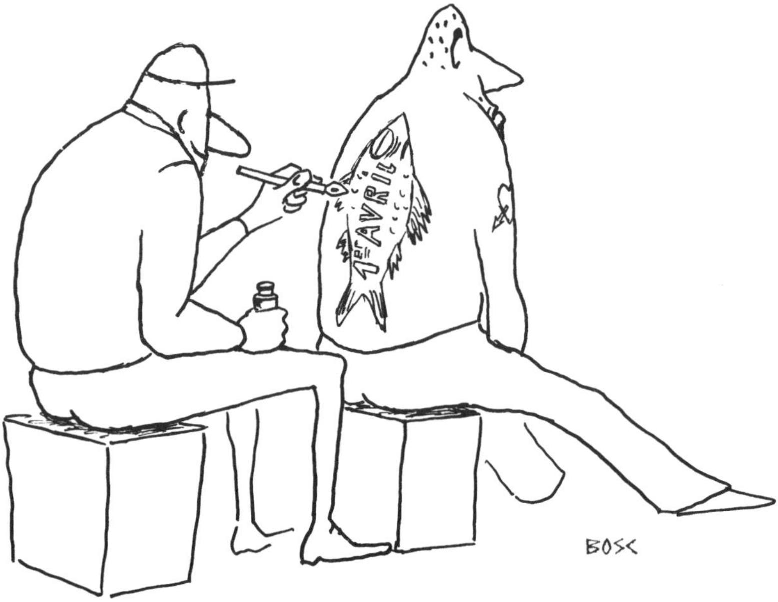

BOSC

VIVE DE GAULLE
BOSC

NON ET NON.
BOSC

METTEZ
1 NF
BOSC

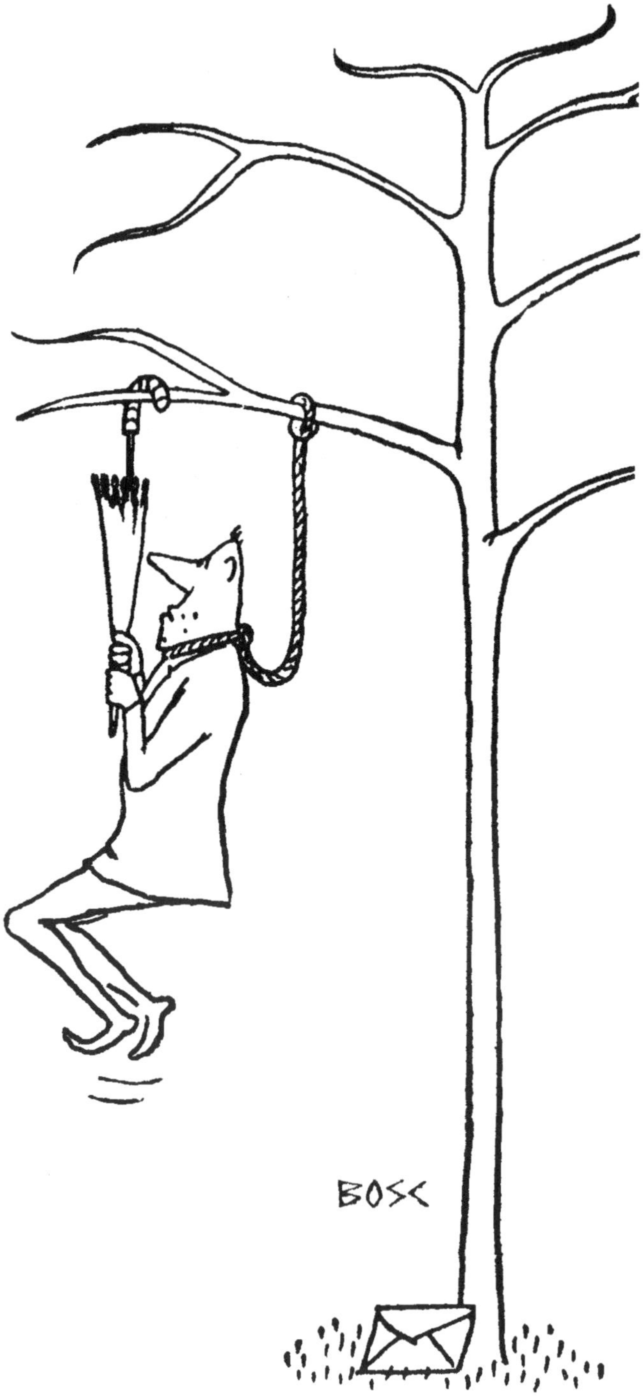
BOSC

BOSC

BOSC

J'AI BIEN PEUR QUE L'APPAREIL N'AIT QUE 2 PLACES...
BOSC

DOUANE
BOSC

BOSC

BOSC

BOSL

BOSC

BOSC

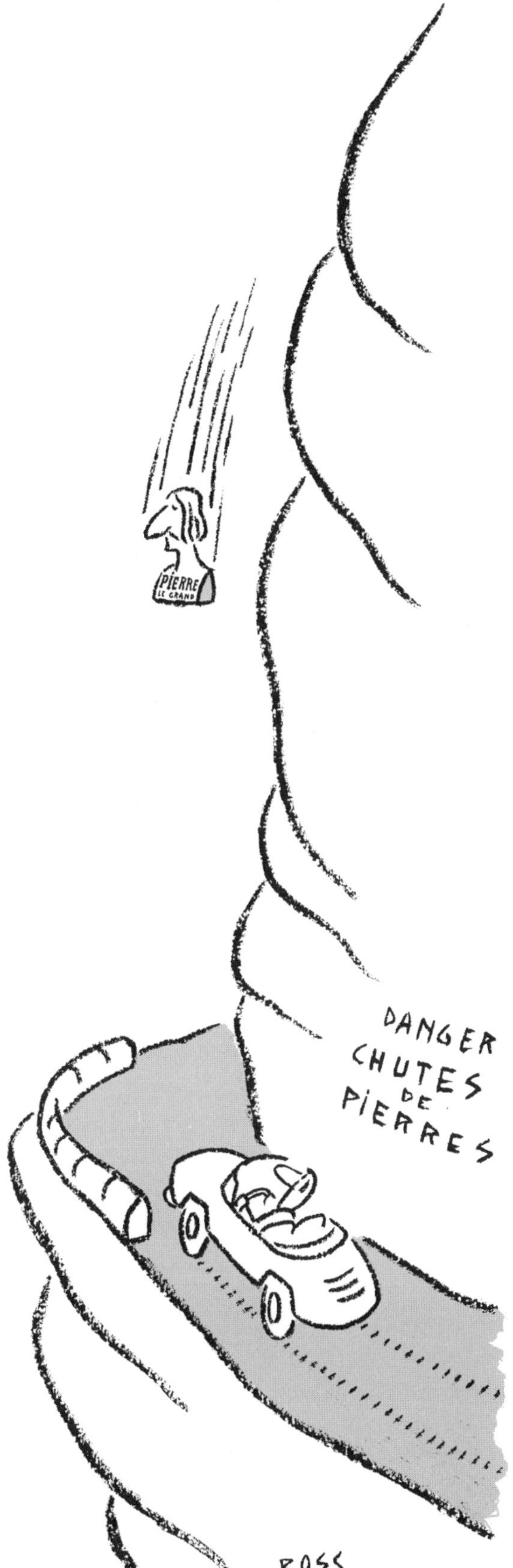
PIERRE
LE GRAND
DANGER
CHUTES
DE
PIERRES
BOSC

CHARCUTERIE
BOSC

BOSC

BOSC

DUDULE
CHEVAL SAVANT
DANGER
BOSC

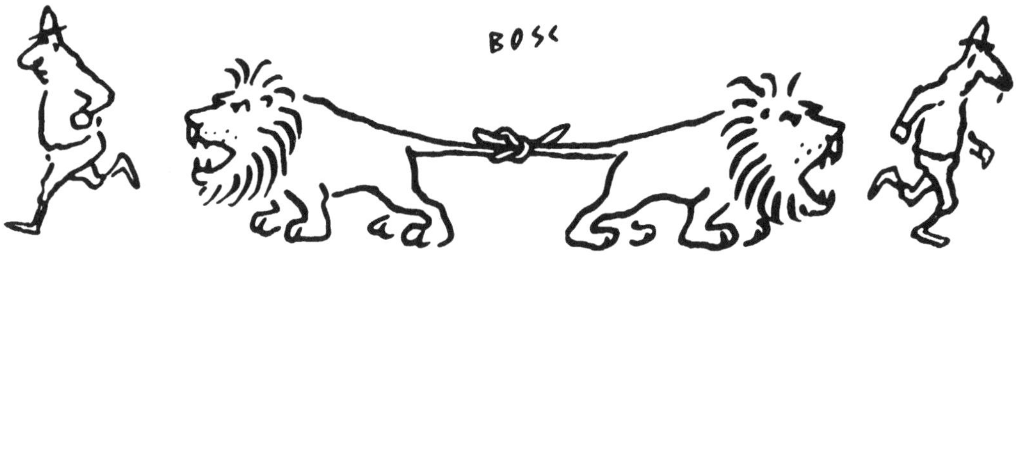
BOSC

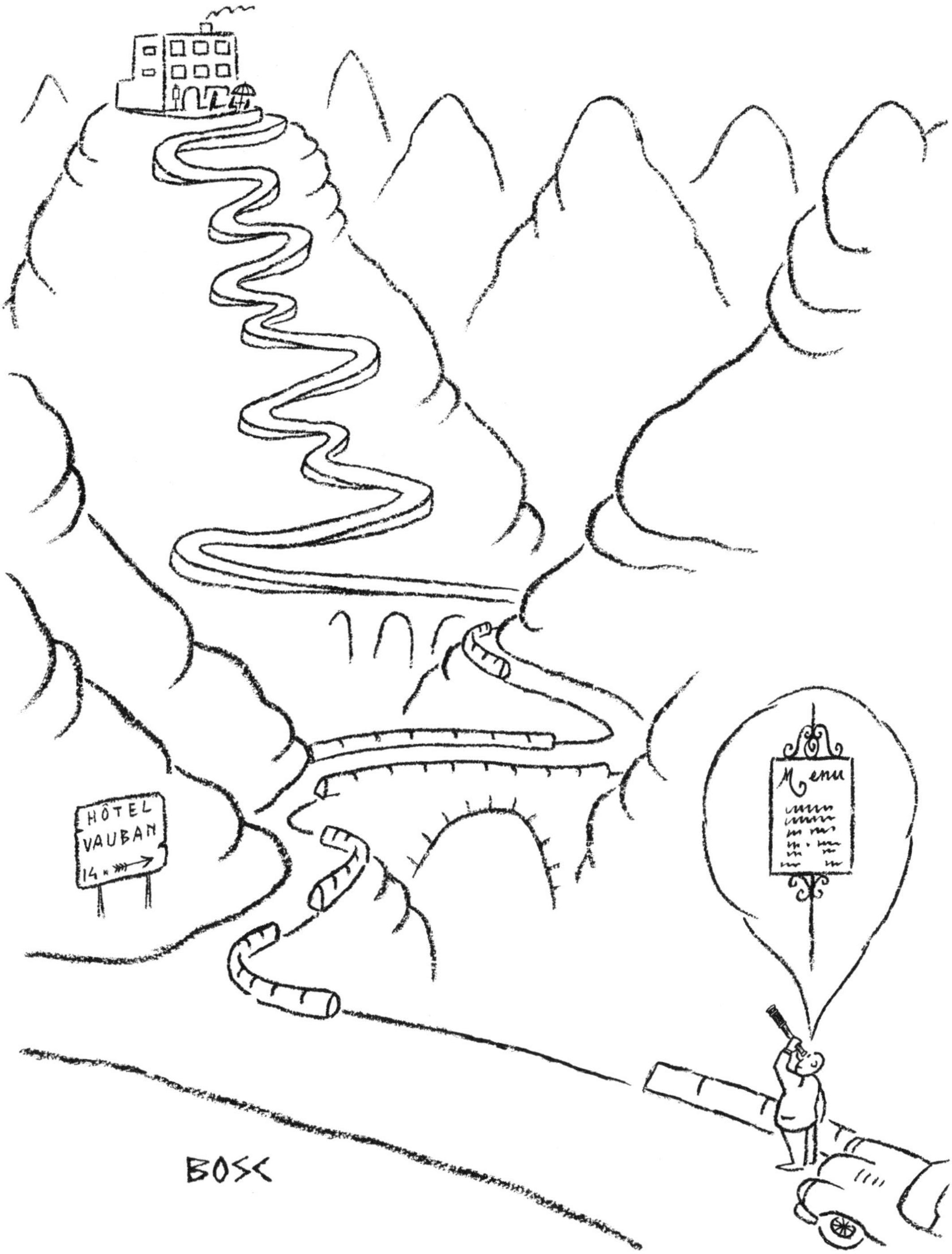
HÔTEL
VAUBAN
14 km
Menu
BOSC

LA BONNE·CORDE
BOSC

ENTREZ
SANS
FRAPPER
BOSC

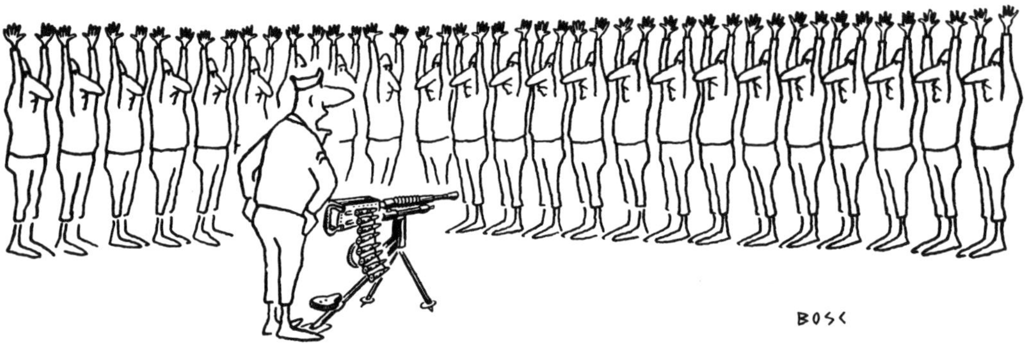

IMBECILE ! J'ALLAIS SIMPLEMENT VOUS EXPLIQUER !

ATTENTION
SENTINELLE
MÉCHANTE
BOSC

AVIS
IL EST INTER-
DIT DE GRIMPER
A LA GIRAFE
BOSC
BOSC

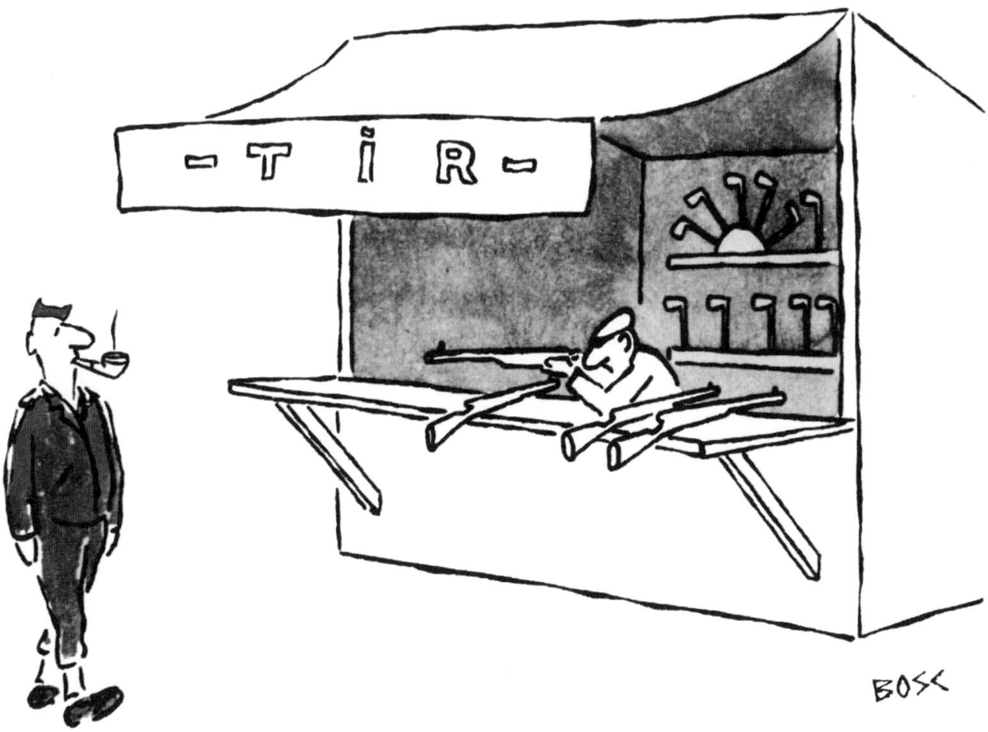
-TIR-
BOSC

UN CE RTAIN
SOU RIRE
BOSC

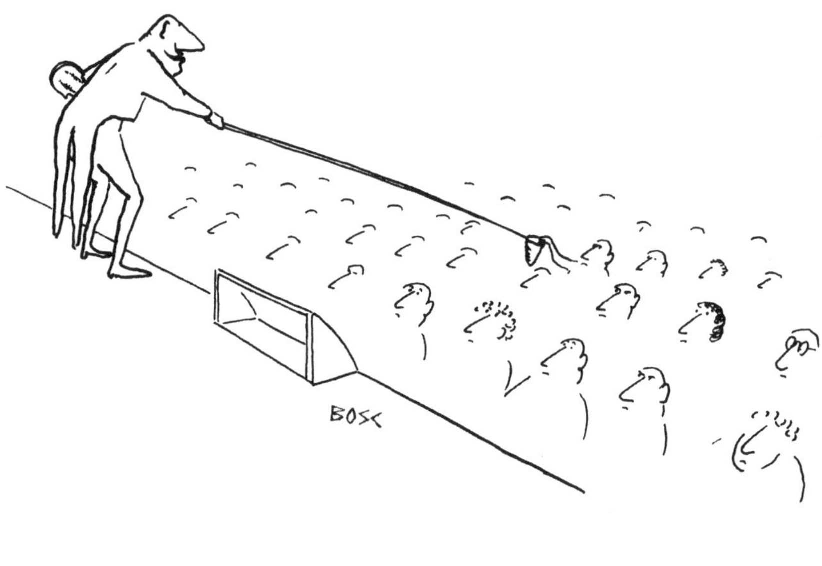
BOSC

BOSC

BOSC

BOSC

BREVETS
D'INVENTIONS
BOSC

BOSC

BOSC

VOUS PREFEREZ QUE J'AVANCE OU QUE JE RECULE ?

BOSC

CRAC
BOSC

— TU AS GRANDI PENDANT LES VACANCES !

BOSC

BOSC

BOSC

POSTES
POSTES
TELEPHONE
TELEPHONE
BOSC

St TROPEZ
BOSC

BOSC

CHAR ECOLE
BOSC

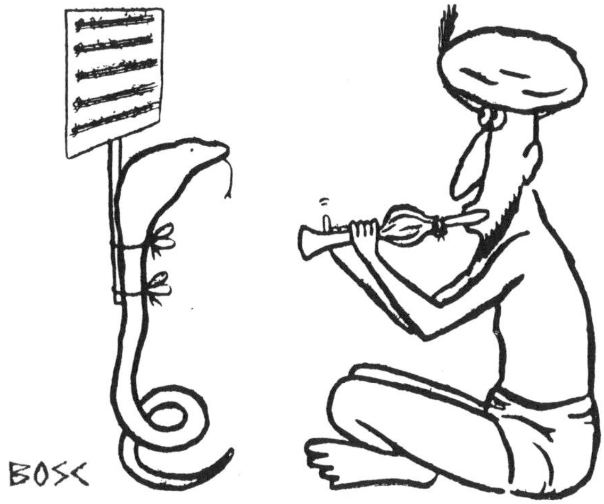
BOSC

BOSC

BOSC

BOSC

HEUREUSEMENT NOS AUTRES PILOTES SONT MOINS EXIGEANTS !

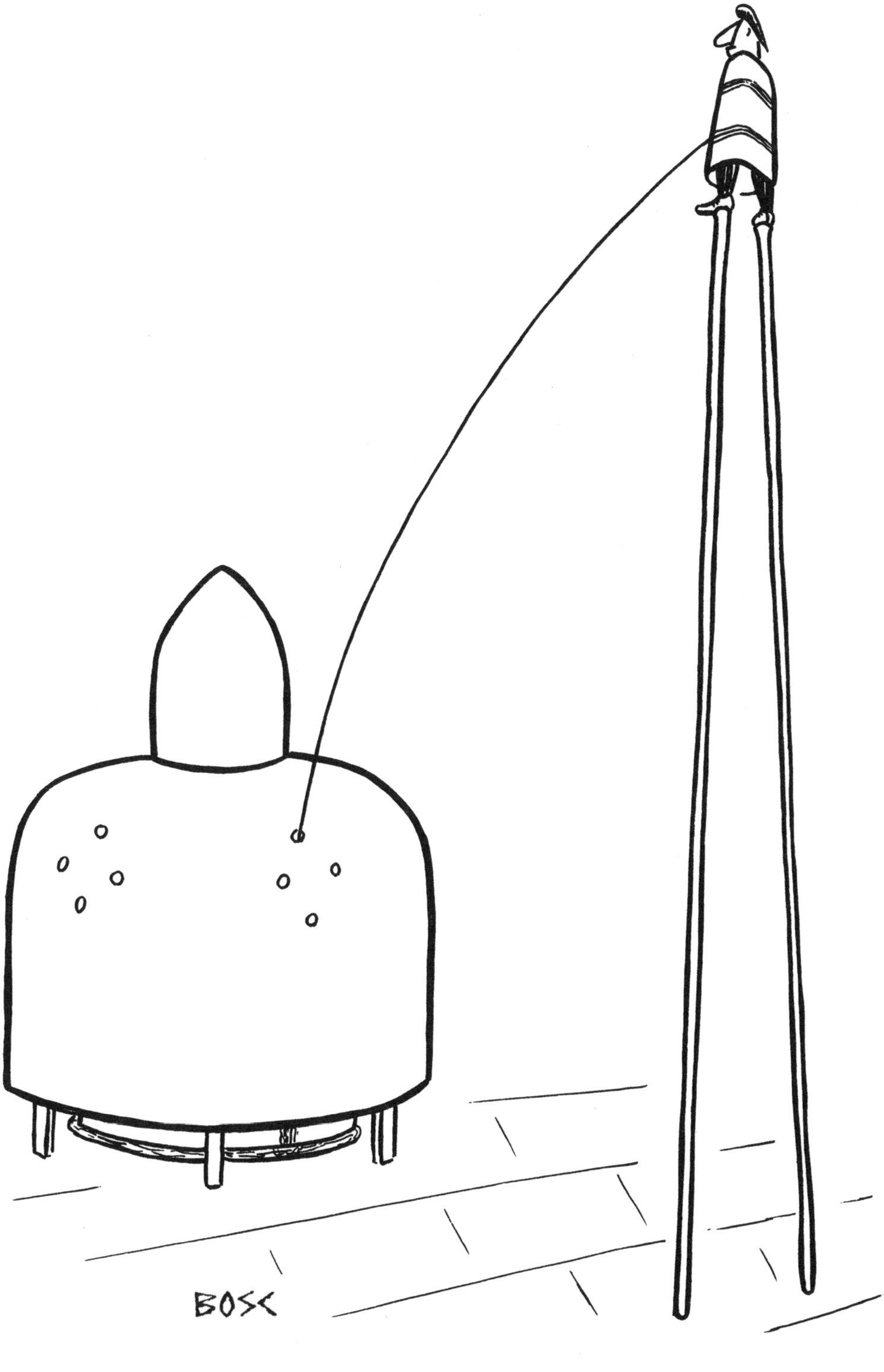
BOSC

CHIRURGIE
ESTHÉTIQUE
BOSC

DIVERTIS-
SEMENT
BOSC

CHUT
CHUT
CHUT
CHUT
CHUT
CHUT!
BOSC

Jean Bosc est né le 30 décembre 1924 à Nîmes. Il passe une jeunesse insouciante avec ses parents, vignerons dans le village d'Aigues-Vives, dans le Gard. Bien qu'exempté de service militaire, il s'engage pour trois ans en Indochine, d'où il revient meurtri dans son corps et dans son âme, totalement allergique à la discipline et profondément antimilitariste. Autodidacte, il tente sa chance comme dessinateur à Paris en novembre 1952. Commence alors pour lui une carrière florissante. Il dessine pendant dix-huit ans pour *Paris Match* et, surtout, avec ses amis Mose, Chaval et Sempé, donne une nouvelle image du dessin d'humour français. Celle-ci sera reconnue et appréciée jusqu'à Taïwan, où les éditions Hann Colour publièrent son *Journal d'un soldat stupide*, en 1989.

En regardant de plus près, Bosc dessine très blanc, quelques contours de formes et quelques perspectives seulement. La force de son humour réside dans l'idée, dans le sarcasme. Il laisse son trait se poser sur la feuille, en toute liberté, jamais contraint de rester dans un cadre.

Solitaire, modeste, silencieux, talentueux, mais profondément tourmenté, il ne trouve le repos qu'en mettant fin à ses jours, le 3 mai 1973.

Le centenaire de sa naissance rappelle à quel point son œuvre est actuelle et de quelle manière elle a participé à ouvrir la voie à de nombreux dessinateurs.

« C'est grâce à Bosc que j'ai pu faire des albums, car il me recommanda auprès de son éditeur suisse-allemand, Diogenes, qui, quelques années après, publia un petit livre de mes dessins ; ce premier livre incita un éditeur français, Denoël, à me publier en France. »

Sempé

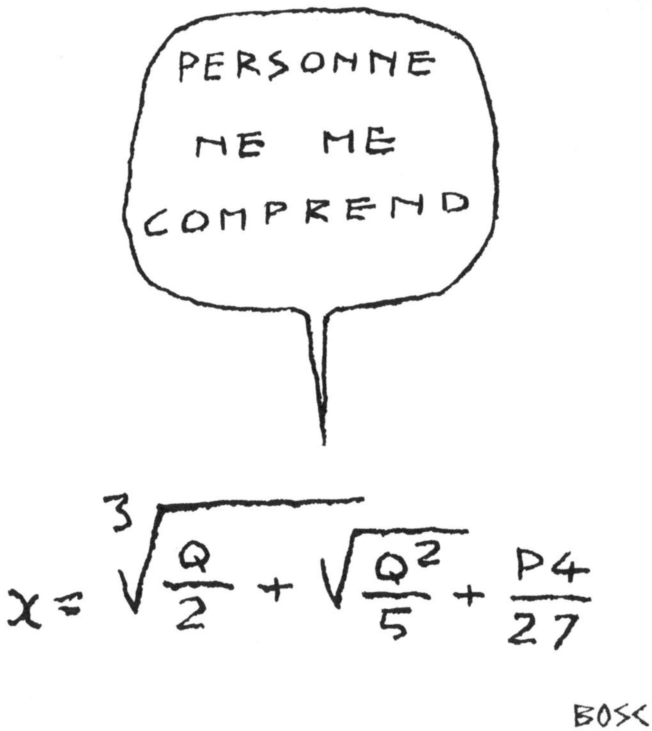

Achevé d'imprimer en décembre 2024 par Laballery
N° d'édition : M17977/01
N° d'impression : 412258